Couverture inférieure manquante

DÉBUT D'UNE SERIE DE DOCUMENTS
EN COULEUR

LE
CANAL DE SUEZ

CHAPITRE DÉTACHÉ

D'UN LIVRE SUR L'ÉGYPTE

QUI PARAITRA PROCHAINEMENT

PAR

Mme OLYMPE AUDOUARD

PARIS

E. DENTU, ÉDITEUR

PALAIS-ROYAL, 15 ET 17, GALERIE D'ORLÉANS

—

1864

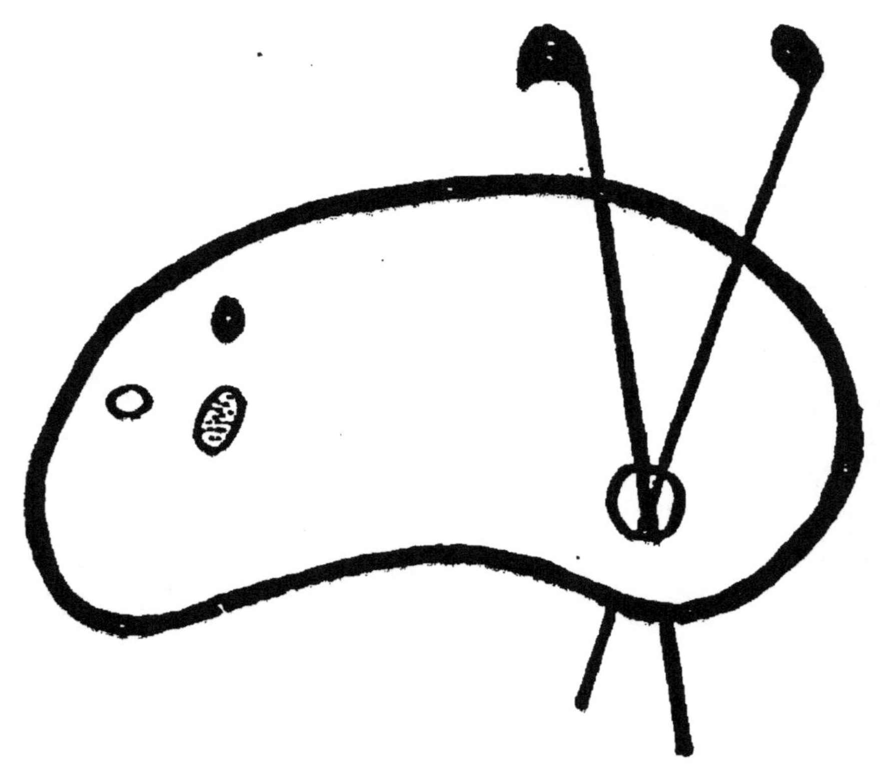

FIN D'UNE SERIE DE DOCUMENTS
EN COULEUR

LE

CANAL DE SUEZ

LE
CANAL DE SUEZ

CHAPITRE DÉTACHÉ

D'UN LIVRE SUR L'ÉGYPTE

QUI PARAITRA PROCHAINEMENT

PAR

Mᵐᵉ OLYMPE AUDOUARD

PARIS

E. DENTU, ÉDITEUR

PALAIS-ROYAL, 15 ET 17, GALERIE D'ORLÉANS

—

1864

LE

CANAL DE SUEZ

Parlerai-je du canal de Suez? de cette œuvre gigantesque dont le côté industriel disparaît, aussi bien que le côté commercial, devant le côté politique, et qui a passionné la France, comme elle a, d'autre part, réveillé l'antagonisme du Gouvernement anglais?

Pourquoi non? Je suis Française, et tout ce que la France fait de beau et de grand m'intéresse vivement.

J'ai parcouru les lieux; j'ai causé longuement avec les amis comme avec les ennemis de M. de Lesseps; j'ai pu juger et voir par moi-même tout ce que recèle d'espérance et soulève de colères ce grand mot : *l'œuvre de Suez!* et je ne vois aucune raison pour ne pas faire bénéficier mes lecteurs du fruit de mes observations. On a déjà beaucoup écrit sur ce sujet, il est vrai, mais peut-être trouvera-t-on dans les lignes qui vont suivre quelques détails ignorés.

D'abord je dirai, comme beaucoup d'autres l'ont dit avant moi, que pour se faire une idée exacte du travail auquel se livrent nos compatriotes dans le désert, de l'aspect de cette immense mer de sables brûlants, des transformations que ce même désert subit, de ce qu'il sera après l'ouverture du canal, il faut absolument prendre la peine d'aller voir par soi-même, s'imposer l'obligation de faire ce que j'ai fait, d'aller explorer la plage de Suez, celle de Port-Saïd, le lac Timsah, la ville d'Ismaïlia et le canal qui porte l'eau du Nil jusque dans la mer Rouge; de visiter la pompe à feu qui verse cette eau en gerbes dans les rues de Port-Saïd, et le canal maritime entre Kantara et Elperdame, et ce même canal auprès de Chalauft..... Mais je m'arrête, cette énumération épouvanterait peut-être mon lecteur et lui ôterait l'envie de faire le voyage de l'isthme. Et certes il aurait tort, car on visite tous ces divers points du canal sans fatigue et avec tout le confortable possible : service postal, ligne télégraphique, barques élégantes, bons chevaux, excellents dromadaires, sont mis avec beaucoup de bonne grâce au service des voyageurs; il y a même un bateau-omnibus desservant tout le canal. C'est un voyage d'un grand intérêt, que l'on fait fort agréablement, et qui vous en apprendra cent fois plus sur l'isthme de Suez que toutes les brochures parues et à paraître. Que cela, pourtant, ne vous empêche pas de lire la mienne.

Qu'était le désert entre Port-Saïd et Suez avant que M. de Lesseps y eût jeté les germes de la civilisation en y faisant serpenter le bleu ruban que forme le bienfaisant canal?... Une bande de sable jaune émaillée çà et là de flaques d'eau malsaine, et moutonnée de quelques dunes. Ces lieux étaient sans doute pleins d'intérêt au point de vue des souvenirs bibliques dont ils sont empreints, mais quelle dose de courage ne fallait-il pas pour s'y aventurer!... Point d'eau à boire, rien à manger, pas le plus petit arbre à l'horizon, nul abri contre le trop fameux khamsîm, s'il venait à déchaîner ses furies.

Qui aurait pu supposer qu'une pareille terre, que la malédiction du Ciel semblait avoir frappée à tout jamais, dût devenir, par le seul fait du creusement d'un large sillon en son travers, l'objet de tant de préoccupations, de discussions, de notes diplomatiques, etc.?... Au moment où j'écris ces lignes, les destinées de la Compagnie sont soumises à un haut arbitrage... Qu'en sortira-t-il? Nul ne le sait.

Mais quelle que soit l'issue du grand conflit soulevé, ce sera toujours un véritable triomphe pour la France d'avoir abordé courageusement, sans la moindre hésitation, le problème difficile d'une large installation au désert, et de l'avoir résolu.

On m'a raconté la longue attente des premiers ouvriers de l'œuvre au cœur même du désert, sur un point élevé qu'on appelle le Cheik-Emedeck, alors que le vice-roi d'Egypte, Saïd-Pacha, semblait reculer lui-même devant la témérité de la concession déjà signée, pour ainsi dire, alors que la Porte donnait l'ordre absolu d'interdire les travaux et d'expulser les travailleurs.

Chose digne de remarque, un consul de France se faisait alors l'interprète plus que zélé de cette interdiction, qui n'était en elle-même que la traduction en langue turque d'une dépêche anglaise.

Ce consul (et du reste plusieurs autres méritent une mention particulière dont ils seront l'objet dans mon livre), oublieux de ses premiers devoirs, ne songeant qu'à flatter le Gouvernement turc, allait jusqu'à retirer la protection du drapeau français au petit groupe d'agents que M. de Lesseps avait envoyés dans l'isthme pour y faire les premières études. Ils étaient là, nos pauvres compatriotes, à Cheik-Emedeck, une poignée d'hommes seulement, s'attendant, à chaque heure du jour, à être débusqués de leur campement par la force armée qui venait assurer l'exécution des ordres que les autorités égyptiennes, turques et consulaires, notifiaient à l'envi.

Pourtant, braves soldats de leur devoir, ils n'ont point reculé d'un pas. Ils montaient la garde la nuit et le jour; ils élevaient des constructions, comme si le terrain n'eût pas été miné sous leurs pieds; ils buvaient une eau saumâtre et mangeaient du pain dur, relevant leur courage, qui défaillait parfois, par les airs joyeux et patriotiques qu'ils chantaient tour à tour. Beaucoup, hélas! ont succombé pendant cette période, qui a duré plusieurs mois. Ah! c'était une rude épreuve pour les survivants que le spectacle de la mort repassant et fauchant si souvent sur ce coin de terre qu'elle avait dû oublier.

Tristes étaient les funérailles, plus triste encore était le tertre de sable sous lequel dormait à tout jamais le camarade, triste était l'horizon, triste le présent et très-incertain l'avenir.

Malgré cela, nulle défection : pas un n'a déserté le poste jusqu'au jour où M. de Lesseps, ayant gagné partiellement sa cause, a pu relever de leur faction ces sentinelles avancées.

Au milieu de ces exigences de la vie, de toutes ces pénibles entraves, leurs tentes s'étaient cependant transformées en jolies maisons de pierre bien alignées et bien construites; et c'est ce campement, l'un des plus gracieux de l'isthme, que M. de Lesseps a appelé Toussoum, du nom du fils de Saïd-Pacha.

La fondation de Port-Saïd a été tout aussi pénible : là, comme à Toussoum, il a fallu à nos compatriotes une forte dose de courage et d'abnégation pour supporter l'incertitude du sort qui leur était réservé, et souvent même la privation de l'indispensable. Plus d'une fois l'eau leur a manqué !

Il est impossible aujourd'hui au voyageur de se faire une idée bien nette des difficultés, des privations, des découragements, des dangers de toute sorte, qu'ont eus à subir ceux-là qui les premiers ont commencé les travaux de l'isthme ; eux-mêmes ils les ont presque oubliés.

Cependant, si, avec eux, vous venez à être pris dans le désert par un de ces affreux khamsim qui semblent sortir des entrailles de la terre, là où les bons croyants placent l'enfer, et qui, vous desséchant la gorge et vous brûlant la peau, vous jettent dans les yeux un sable fin et ardent, alors ils vous raconteront que maintes fois, durant la nuit, alors que leurs tentes étaient soulevées de terre par le vent, ils ont dû passer de grandes heures à se cramponner aux cordes pour disputer à l'ouragan leurs fragiles maisons. Ils vous diront combien de fois, après les rudes journées de travail, ils ont dû renoncer au sommeil réparateur, pour défendre leur pénible existence contre le désert inexorable et cruel. Et encore, malgré toutes leurs précautions, ont-ils vu souvent leurs tentes emportées, leurs papiers éparpillés en s'envolant aux quatre coins de l'horizon, leurs provisions perdues sous l'action du sable et du souffle brûlant du khamsim, leur eau répandue sur le sol, qui, altéré lui-même, l'engloutissait à l'instant.

Que de fois encore, pendant une excursion lointaine, surpris par la tempête, n'ont-ils pas dû se faire de leurs chameaux agenouillés un abri contre cette furie du désert qui leur lançait à la figure ses pierres et son sable !

(J'ai fait connaissance avec le *khamsim* il y a quinze jours à peine; j'en parle, hélas! avec expérience.)

Pas un de leurs campements qui n'ait été visité la nuit par la hyène et le chacal, visite fort malsaine. Ils ont à se tenir également en garde contre certains hôtes bien moins charmants encore, tels que la vipère à cornes, qui doit son nom aux deux proéminences qu'elle porte au-dessus des yeux. Il n'est pas un homme qui n'ait trouvé dans sa tente quelqu'un de ces reptiles dont la morsure est mortelle. Ce serpent est le fameux aspic de Cléopâtre; seulement l'histoire nous dit qu'une fois piquée, Cléopâtre s'endormit profondément et ne se réveilla plus, tandis que tous ceux qui sont mordus par la vipère à cornes meurent dans des convulsions atroces. Il faut croire que la belle reine avait pris en même temps quelque violent soporifique!

Les braves pionniers, ils vous diront tout cela en riant, et ce n'est que par une sorte d'abstraction en vous-même que vous arriverez à l'impression vraie de ce qu'ont dû être les commencements de cette œuvre, de ce qu'était à l'origine ce désert qu'il fallait dompter, et qui était plus rebelle à recevoir la civilisation que le cheval indompté ne l'est à accepter le mors.

Aujourd'hui le désert n'est plus : une eau douce, limpide et bienfaisante, le sillonne; partout des ressources, partout des visages humains, partout l'accueil le plus bienveillant. La bête fauve, le reptile lui-même, n'osent presque plus se montrer.

A Port-Saïd, au lieu du pauvre filet d'eau de quelques.

mètres de largeur qui depuis des siècles séparait la mer du lac Menzaletz, et qui n'offrait aux vagues de l'un et de l'autre qu'une digue souvent bien insuffisante, vous trouvez une charmante ville de quatre à cinq mille âmes, dans laquelle toutes les nationalités se rencontrent, toutes les langues se parlent, où toutes les industries sont représentées. Partout de hautes cheminées qui fument, le soufflet du forgeron répondant au marteau du riveur, les chants des matelots dans les cordages des navires, le ronflement de la scierie mécanique se mêlant au bruit des rabots. Plus loin, du fond du village arabe, s'élève un bruit confus, une musique discordante : c'est la voix peu harmonieuse de l'indigène, qui chante, se dispute et parle toujours sur la même note, note désagréable à l'oreille.

Enfin, Port-Saïd a une physionomie impossible à rendre : c'est la *ville-chantier*, laborieuse; tout le monde y a un rôle précis, désigné; tout le monde y concourt à une œuvre commune.

Les cités exclusivement industrielles de France ne donneraient pas une idée exacte de cette ville, car Port-Saïd est de plus un port de mer, et la mer concourt puissamment à la physionomie d'une localité.

La rade de Port-Saïd est admirable; la mer y paraît plus bleue qu'ailleurs, le soleil plus resplendissant, l'atmosphère plus lumineuse; — et puis, cette ville date d'hier!..... elle est sortie du sable tout industrielle, comme Pallas est sortie toute guerrière du cerveau de Jupiter. Enfin, sur la plage de cette jeune cité, on se sent pris d'une émotion vive et sérieuse, on y ressent l'affirmation d'une grande idée, idée née viable et qui vivra.

L'emplacement où se trouve Ismaïlia n'était, il y a deux ans à peine, qu'un sable jaune criant sous les pieds des chameaux. C'est le 27 avril 1862 que la première pierre de la première maison a été posée. Cette maison, que l'on montre avec un certain orgueil aux voyageurs, est celle qu'habite M. de Lesseps lorsqu'il fait sa tournée au désert.

A présent, de nombreuses maisons entourent celle-là, toutes coquettes, élégantes, construites dans le style italien, avec de grandes terrasses.

Dans l'espace de deux ans, une véritable ville s'est élevée, mais d'un caractère bien différent de celui de Port-Saïd. Ismaïlia est le siége de la grande administration de l'isthme; aussi les habitations y sont construites dans un goût plus grandiose. Celle occupée par la direction ressemble à un palais oriental; les places, les rues, sont larges, spacieuses; de grands boulevards, qui seront un jour bordés de beaux arbres, y sont déjà tracés. On prétend qu'Ismaïlia sera la ville aristocratique du désert; mais comme aujourd'hui les arbres en sont encore complétement absents, que le soleil y est fort chaud, toutes les maisons ont des verendas, excellente disposition pour un pays comme l'Égypte.

Ismaïlia est dessinée sur un large patron. Du reste tout ce qui, dans l'isthme, a un caractère définitif, témoigne d'une grande hauteur de vues.

M. de Lesseps a eu une idée grandiose et sublime, celle d'ouvrir une communication entre les deux mers ; mais il faut convenir que tous ceux qui l'aident dans cette œuvre se sont mis au diapason du maître. Chez tous, depuis le simple ouvrier jusqu'à l'agent supérieur et à l'ingénieur en chef, on rencontre une grande intelligence, parfaitement à la hauteur de l'œuvre d'avenir qu'ils poursuivent.

C'est du reste un effet de la vie au désert : ces horizons sans limites, cette immensité, ce calme solennel, communiquent de l'ampleur aux idées, élèvent les sentiments et donnent à l'homme une certaine grandeur en l'arrachant un peu au terre-à-terre.

Une chose qui m'a charmée à Ismaïlia, ce sont les jolis jardins où les légumes croissent et poussent à côté des plus gracieuses fleurs... Oui, des fleurs, de vraies fleurs en plein désert;... et comme, là, leurs couleurs paraissent plus vives, leurs parfums plus enivrants et plus doux!

De tous ces jardins, — à tout seigneur tout honneur, — le plus soigné est celui qui entoure la maison de M. de Lesseps : il m'a rappelé les squares nouvellement créés à Paris. Il y manque cependant le tourlourou et la bonne d'enfant.

Je ne dis rien de Raz-el-Chez, de Kantara, du Seuil, de Toussoum, de Ramsès, de Chalauft, etc..., etc..., de tous ces campements qui ont une certaine importance, et qui, échelonnés sur le parcours des lignes de navigation, assurent aux voyageurs un excellent abri. Mais n'allez pas vous méprendre sur ce mot de *campement;* n'allez pas croire qu'il ne s'agisse ici que de quelques tertres, de quelques huttes : non ; ce sont partout des maisons à l'européenne, des établissements finis; nulle part, — et ceci explique un éloge auquel M. de Lesseps a droit sans aucune réserve, — nulle part vous ne rencontrerez ce caractère de mobilité que l'on attache au mot de *campement.*

Ce qui m'a fait grand plaisir et ce qui s'accorde bien surtout avec mes idées de tolérance religieuse, c'est que partout, tant à Port-Saïd qu'à Ismaïlia, la Compagnie a fait construire à deux pas de la ville de petits villages arabes, et qu'elle les a gratifiés d'une mosquée et d'une habitation pour le cadi.

Ces villages n'ont pas l'aspect sale et rebutant de ceux

de l'intérieur de l'Égypte, et dans tout le parcours de l'isthme il n'en est pas un auquel la Compagnie n'ait donné sa petite mosquée. Je trouve cela très-bien.

M. de Lesseps a pris à tâche de s'affirmer d'autant plus dans le désert qu'il était plus discuté. L'Angleterre, dès les premiers jours, lui contestait ses titres ; il est allé justifier leur légitimité en Angleterre même, dans de nombreux meetings. On lui opposait l'impossibilité d'exécution résultant des difficultés que l'on rencontre dans le désert : il a répondu en constituant partout l'installation la plus large et la plus durable.

On lui niait le droit d'avancer : il a marché, entraînant avec lui tous les travailleurs courageux qui comprenaient, eux aussi, la grandeur de sa pensée.

Comme l'a dit le Prince Napoléon dans un discours mémorable, c'est cette autorité de l'apôtre, cette confiance dans un avenir que seul il paraissait distinguer, qui a fait la force de M. de Lesseps, qui rendra son nom immortel dans l'histoire, et qui a amené l'œuvre à ce point de puissance et de développement qui la met au-dessus des grandes colères qu'elle soulève.

Je passerai donc très-légèrement sur les divers campements établis, renvoyant, pour plus amples renseignements, aux publications de la Compagnie et aux diverses relations des voyageurs qui m'ont précédée dans l'isthme. Je dirai seulement que de Port-Saïd jusqu'à Ismaïlia, et d'Ismaïlia à Suez, le grand effet du désert a disparu. Ce n'est pas encore la culture, mais ce n'est plus le désert. Le désert, c'est le manque d'eau douce, l'absence de voies de circulation; et du jour où la Compagnie a exécuté de Yassassine à Ismaïlia, puis d'Ismaïlia à Suez, un canal d'eau douce portant barques et bateaux, et que, d'une autre part, elle a eu ouvert une voie de navigation maritime entre le lac Timsah et la Méditerranée, à Port-Saïd, de ce jour là, Port-Saïd n'eût-il été qu'un groupe de mauvaises masures, Ismaïlia une plaine jaune sans abri, que le désert avec ses sombres terreurs eût comme disparu.

A Suez, l'action de la Compagnie, moins effectivement apparente parce qu'il n'a encore été rien construit dans la ville même, rien exécuté dans son enceinte, n'en a pas moins été immense. Suez avait beaucoup de choses, mais il lui manquait de l'eau à boire, et tout en admirant les flots d'un bleu légèrement rosé de la mer rouge, ses malheureux habitants étaient exposés à mourir de soif... Avant l'ouverture du chemin de fer du Caire à Suez, cette absence d'eau la maintenait à l'état de pauvre et misérable village, et il faut avoir parcouru l'Égypte pour savoir ce que l'on appelle ici un pauvre village !... Ce village était cependant sur la route des Indes ; tous les mois, y arrivaient de nombreux convois d'Anglais, qui souvent étaient forcés d'y stationner. C'était, il est vrai, pour ce pays une source de prospérité, mais elle était arrêtée dans son essor par le manque d'eau. On s'abreuvait à Suez d'une eau de pluie infecte conservée dans des réservoirs ; et comme il pleut rarement dans ces parages, elle n'était pas abondante; ou encore on allait en puiser en face, de l'autre côté de la mer, dans ce qu'on appelle les Puits de Moïse. J'ai vu ces fameux Puits : l'eau en est saumâtre et peu salubre, et je déclare que, quoique je fusse altérée, je n'ai pas eu le courage d'en boire.

Le chemin de fer du Caire à la mer Rouge a été exécuté. A la faveur de cette voie de transport, l'eau du Nil a pu arriver à Suez, mais à quel prix, grand Dieu! On ne payait pas moins de 1 fr. 50 c. l'hectolitre de cette eau : je vous laisse à penser combien les ménagères en étaient économes, et combien peu la propreté devait briller dans leur intérieur. Il était impossible de blanchir le linge, encore moins d'arroser les terres ; partant, pas de culture, aucuns légumes, rien !

Cependant le chemin de fer était déjà un progrès incontestable : aussi le développement de la ville s'en ressentit-il aussitôt. Suez, qui, à l'ouverture du chemin de fer, c'est-à-dire il y cinq ans environ, comptait à peine 2000 habitants, en comptait, au 1er janvier dernier, plus de 4000 ; mais c'était là le maximun du développement qu'il pouvait atteindre. Le chemin de fer du Caire à Suez n'a qu'une seule voie, et, administré comme il l'est, tout au plus pouvait-on compter sur un apport journalier de 2000 hectolitres d'eau, suffisant à peine pour satisfaire aux besoins les plus stricts d'une population de 4000 âmes. Donc, sauf à s'exposer à mourir de soif, Suez était fatalement condamné à renoncer à tout développement, à tout accroissement de population.

Telle était la situation lorsque, le 25 décembre dernier, la Compagnie de l'isthme fit apparaître aux yeux de la population ravie l'eau du Nil, non pas dans de lourdes caisses de tôle péniblement traînées par des locomotives essoufflées, mais l'eau du Nil courant à pleins bords dans un canal qui la porte à la mer, et où chacun pouvait puiser, et cela gratis.

Ah ! il faut avoir souffert de la privation d'eau, il faut s'être vu marchander litre par litre ce liquide si indispensable à l'alimentation, à la propreté, à la santé, pour comprendre l'immense impression produite sur la population de Suez par l'arrivée des flots du Nil. Le jour où, le canal achevé, la Compagnie a ouvert les écluses de la partie supérieure, tous les Arabes s'étaient donné rendez-vous sur les bords du cours d'eau ; ils voulaient voir par eux-mêmes cette richesse qui leur arrivait après tant de siècles de privation ; ils étaient là, pénétrés d'une vive et douce émotion, ne sachant à qui d'abord ils devaient adresser leurs actions de grâce : ou à la Compagnie, dont les agents s'étaient dévoués à cette pénible tâche ; ou à la Providence, qui leur accordait un semblable bienfait ; et dans chaque groupe s'énuméraient les conséquences, les avantages incalculables qui allaient en résulter pour le pays : développement de la population, bien-être pour tous, culture sous toutes les formes, etc., etc..., et tout cela par ce simple fait — l'eau à Suez !...

Du reste, chose digne de remarque, tous les Turcs, riches pachas du Caire et d'Alexandrie, apprécient fort peu tout le bien qu'a fait, que fera encore le canal ; la plupart ne connaissent rien des travaux, ni de leur importance, ni de leur utilité. Mais les Arabes, eux, ceux de l'intérieur des terres, ceux du désert, comprennent l'immense valeur de l'œuvre nouvelle, et témoignent une grande reconnaissance envers tous les agents de l'isthme !... C'est qu'alors que les autres avaient de quoi satisfaire largement tous leurs moindres désirs, eux, hélas ! ils n'avaient souvent pas assez d'eau pour étancher leur soif !... J'ai dit en quelques mots, en commençant, ce qu'était le désert avant l'intervention de la Compagnie, puis, à l'aide de quelques traits saillants, ce qu'il est aujourd'hui. Il me reste à essayer d'apprécier ce qu'il sera à l'avenir.

Si j'ai bien réussi à faire comprendre les résultats déjà obtenus, nul de mes lecteurs ne sera tenté de douter de l'achèvement de l'œuvre de M. de Lesseps. Et que l'on veuille bien remarquer que je ne fonde pas cette opinion

2

sur le degré d'avancement du canal en lui-même; je n'en ai pas dit un mot. En effet, à mes yeux, il importe peu que la rigole maritime, par exemple, qui s'étend du lac Timsah à Port-Saïd, soit dès à présent plus ou moins profonde; qu'il y ait plus ou moins de mètres cubes effectivement exécutés pour l'ouverture du grand canal. Ce qui importe, ce qui affirme son achèvement pour une date prochaine, c'est que le désert a disparu. Supposez, en effet, que la bande de terre qui sépare la Méditerranée de l'océan Indien fût un pays comme un autre, qu'on y vécût comme ailleurs : n'est-il pas certain qu'un canal de navigation y eût été ouvert depuis des siècles! Que fallait-il donc pour donner au canal son droit d'existence sous le soleil? Supprimer le seul caractère par lequel le pays différait des autres, supprimer tout ce que ce mot *désert* renfermait d'épouvante. C'est ce qu'a fait M. de Lesseps; et par là, à mon avis, l'œuvre de Suez rentre aujourd'hui dans la catégorie de toutes les grandes œuvres industrielles des pays civilisés, de ces créations qui ne peuvent manquer de réussir quand le besoin s'en fait sentir. Or, nul ne contestera sans doute que le développement des relations entre l'Orient et l'Occident, l'impatience actuelle en matière de voyage, n'aient élevé au rang des besoins de premier ordre celui d'abréger le parcours entre l'Europe, les Indes, l'Océanie, de près de 3,000 lieues.

On m'objectera peut-être que ce point de vue est purement industriel, et qu'il pourrait être sacrifié au côté politique... Quoi! le mouvement de l'humanité, son évolution fatidique, seraient arrêtés par une question de délimitation de territoire, par des susceptibilités de nation à nation, par la résistance des intérêts du passé luttant contre les tendances de l'avenir? — Non, non: l'histoire est là pour rassurer à cet égard. — Du reste, examinons au fond le point de vue politique, et essayons de démêler ce qu'il recèle en réalité.

Quatre puissances seules sont en présence : la Turquie l'Egypte, la France et l'Angleterre.

La Turquie ne saurait voir d'un mauvais œil le développement de l'une des provinces de son empire, pourvu qu'il lui soit garanti que cette province, à la faveur de ce développement, n'essayera pas de se détacher d'elle, ou n'en sera pas trop brutalement détachée par une action étrangère. Or, l'Egypte, devenant le grand chemin de l'Orient à l'Occident, acquiert par cela même un intérêt tellement universel, qu'elle est plus que jamais à l'abri d'un coup de main.

Abstraction faite du canal de Suez, la conquête de l'Egypte ne serait qu'un jeu (nous l'avons prouvé en 1798), n'était le protectorat qu'exercent à son égard la France et l'Angleterre. Ce protectorat grandira de plus en plus, au fur et à mesure que grandira l'intérêt de maintenir l'Egypte à l'état de territoire neutre.

Mais, dira-t-on, il y a quelques dangers, pour le cas où les cartes se brouilleraient, à laisser reconstituer au cœur même de l'Egypte un groupe important de Français, parce que la France aurait ainsi déjà un pied dans le pays. A cela je répondrai : Est-il jamais venu la pensée à qui que ce soit de se préoccuper du nombre plus ou moins grand d'Italiens ou de maisons de commerce italiennes existant à Alexandrie? de marchander à des Anglais le droit de se fixer au Caire, sous prétexte qu'il y a déjà beaucoup d'Anglais dans cette ville?...

Ces considérations pouvaient tout au plus être invoquées alors que chaque population demeurait confinée dans les limites de son territoire; mais aujourd'hui, dans l'état des relations si intimes entre tous les peuples, il serait puéril de prétendre subordonner le droit à fonder un établissement en pays étranger au plus ou moins d'effroi qu'inspire le drapeau sous lequel se trouverait ledit établissement... Encore une fois, l'Egypte est, en tout état de cause, à qui osera venir la prendre. Qu'il y ait ou n'y ait pas de Français dans le désert, cette conquête serait d'une grande facilité pour la France le jour où elle croirait devoir se dispenser de se préoccuper des autres nations européennes.

La conservation de l'Egypte est donc uniquement, pour la Turquie, une question de protocoles, et ces protocoles seront d'autant mieux respectés que la neutralité de l'E-gypte sera devenue un besoin plus universel. De là se déduit l'intérêt qu'a pour la Turquie l'exécution du canal de Suez.

Cet intérêt est encore plus grand pour la famille des successeurs de Méhemet-Ali, qui, avec le *statu quo*, peuvent espérer régner toujours; et il s'accroît, en outre, de tous les avantages que la contrée ne peut manquer de retirer de l'immense mouvement dont le pays qu'ils gouvernent sera le centre... Quant au peuple, pauvre peuple! de tous ces avantages lui en reviendra-t-il quelque chose?... parviendra-t-il enfin à posséder quelques parcelles de la terre de ses pères?... Cela est un chapitre que je traiterai dans mon volume.

Mais ne dissimulons rien. Quelque intérêt que puisse avoir le vice-roi d'Egypte à augmenter la richesse dans le pays, cet avantage, quand il procède des Européens, a sa contre-partie... Il doit être, en effet, peu agréable pour le vice-roi d'être forcé de répondre d'une manière permanente aux plaintes, doléances et réclamations de MM. les consuls généraux, lesquelles ne manquent jamais de se produire toutes les fois qu'un intérêt de nationalité européenne est ou croit être lésé. Or, plus les Européens se multiplieront en Egypte, plus nombreuses seront ces plaintes, doléances et réclamations; mais ceci est un détail insignifiant et de bien peu de poids dans la balance des intérêts réels du pays.

Du reste, c'est là une objection que l'on pourrait faire à chaque installation d'un nouvel Européen à Alexandrie ou au Caire. Sans doute, l'isthme présentera toujours un groupe français très-important; mais ses points de contact avec le Gouvernement, comparés à ceux que le commerce entretient d'une manière permanente, seront relativement peu nombreux. Donc, à moins de faire ce que faisaient naguère les Chinois, de repousser tout contact avec les Européens, le vice-roi n'a rien à objecter; il doit, pour être logique, accepter les Français de l'isthme comme il a accepté tous les autres Européens, et il verra que ceux-là lui donneront moins de souci que le commerce d'Alexandrie.

Mais il faudra du temps pour arriver à faire pénétrer cette persuasion dans l'esprit de tous les pachas d'Egypte. D'abord, comme je l'ai dit, ils sont d'une grande ignorance en tout ce qui concerne le canal. Chose étonnante, ils n'ont pas pris la peine d'étudier le premier mot de cette question; ils ne comprennent ni son but ni l'intérêt qui doit en résulter pour leur pays; ils ne savent pas même où se trouvent Port-Saïd, Ismaïlia, etc., etc. Lorsqu'en France on entreprend quelque chose de grand, de hardi, chacun veut aller juger par lui-même; mais si vous vous figurez que les pachas d'Egypte sont allés visiter les travaux, afin de se rendre compte de leur but et de leur utilité, vous êtes dans une grande erreur ; sauf quelques rares exceptions, ils n'ont pas encore compris la portée de cette œuvre gigantesque et courageuse, ce qui, du reste, ne les empêche pas de se prononcer très-vivement contre elle.

Le vice-roi actuel n'a pas daigné, lui non plus, honorer de sa présence le canal ; il n'a pas jugé à propos de se déplacer pour voir par lui-même tout ce que le canal pourra faire et a déjà fait de bien au pays qu'il gouverne. Pourtant c'est seulement en voyant par soi-même que l'on juge sainement les choses !... Les embarras dans lesquels il s'est trouvé à propos de l'isthme l'ont effrayé, ennuyé ; il a pris le canal en dégoût. Mais quand on est souverain absolu (et si le pouvoir absolu a jamais existé dans toute l'étendue de l'expression, c'est bien ici), quand, dis-je, on est souverain absolu, il est impossible qu'on ne devienne pas bientôt hostile à des sujets de ses États qui, parce qu'ils s'abritent sous un drapeau étranger, traitent les affaires d'égal à égal. — Et c'est là, en dehors de l'influence de l'Angleterre et de ordres de la Porte, l'explication la plus plausible que l'on puisse trouver des résistences permanentes du Gouvernement égyptien *actuel* à remplir ses propres engagements vis-à-vis de la Compagnie de l'isthme. On le sait, Saïd-Pacha s'était engagé à lui fournir un contingent de corvées pour les travaux, et il a tenu sa parole. Ismaïl-Pacha, en arrivant au gouvernement, a fait un discours fort beau, très-philanthropique ; il a dit, entre autres choses, que la corvée était une institution arbitraire, mauvaise, et qu'il s'empressait de l'abolir. Bravo ! s'est écrié chacun en sortant, et l'on a dit et répété avec indignation : Comment ! la Compagnie de l'isthme, des Français, avaient accepté des gens à corvée ! Fi donc !... et vive le vice-roi, qui abolit cette honteuse chose !

Ceci me force à vous dire quelques mots sur ce qu'on appelle la corvée en Egypte. D'abord elle y existe depuis un temps immémorial; l'histoire nous dit que Sésostris, ayant ramené de ses nombreuses excursions guerrières beaucoup de captifs, se servit d'eux pour construire des monuments et pour faire creuser en corvée (travail forcé que l'on fait exécuter à coups de courbaches, et où ceux qui résistent sont conduits le carcan aux mains) une infinité de canaux pour arroser le pays. Tous les souverains de l'Egypte ont trouvé, paraît-il, que ce moyen était excellent, et, sous tous les derniers pachas, le pauvre fellah était enlevé à sa famille, à la culture des terres qu'il avait en concession provisoire, pour aller, et souvent fort loin, cultiver celles du vice-roi, des pachas, et parfois même des Européens en honneur. Ils faisaient faire aussi de cette façon tous les travaux d'utilité publique (système très-économique pour un Gouvernement, mais d'une équité douteuse). Ces fellahs levés ainsi en corvée avaient à apporter, pour tout le temps, leur nourriture, leurs outils même, car ils avaient à s'en pourvoir, et pour tout salaire, hélas! ils recevaient les coups de courbaches que le cheik, désireux de plaire au saint du lieu, leur distribuait avec générosité. Je ne m'étends pas plus longuement sur ce système, car il sera l'objet d'un chapitre de mon ouvrage.

La Compagnie de l'isthme, avec son esprit de justice et de respect pour les droits de l'homme, a accepté, il est vrai, les corvées, et s'en est servie; mais d'abord tous ces fellahs étaient transportés aux frais de l'administration, un service médical était mis gratis à leur disposition, et ils étaient nourris. De plus, le mètre cube, qu'en France on ne paye que 40 centimes, leur était payé 80 centimes.

Ces pauvres gens étaient si peu habitués à être payés que, lorsqu'au moment du départ des premières corvées on les a envoyés recevoir leur argent, ils se sont dit : « Recevoir de l'argent? nous payer? quelle plaisanterie! Sans doute on veut nous retenir pour nous faire travailler encore. » Et ils partaient sans aller prendre leur salaire; il a fallu les rappeler, et ce n'est qu'une fois en route et ayant l'argent dans leur poche, qu'ils ont été sûrs qu'on ne les mystifiait pas.

On le voit donc, les fellahs levés en corvée pour l'isthme étaient bien plus heureux que les autres; aussi se rendaient-ils volontiers sur les travaux, et gaiement.

Cependant, j'avoue que la pensée d'abolir complétement la corvée était une belle et noble pensée, exprimée noblement par Ismaïl-Pacha. Mais l'exprimer est beaucoup, la réaliser c'est plus encore.... La corvée n'est-elle point abolie pour l'isthme seulement? L'est-elle aussi pour le service de la culture des immenses propriétés de Son Altesse? Je ne puis me prononcer encore... Tout ce que je sais, c'est qu'en parcourant l'intérieur de l'Égypte, j'ai rencontré de nombreuses corvées où plus d'un fellah était conduit le carcan aux mains!... Enfin, nous reparlerons de cela ailleurs.

Je reviens au côté politique de l'isthme, en ce qui concerne le point de vue anglais. Là, en vérité, l'hostilité se justifie, et elle se justifie non point par les arguments sans portée que lord Palmerston persiste à produire, mais par d'autres arguments plus sérieux.

D'une part, il est tout à fait naturel que l'Angleterre voie d'un mauvais œil une grosse affaire se faire en Égypte autrement que par des organes anglais, à plus forte raison, par des organes français. L'Égypte est le chemin naturel des Indes ; on pourrait presque dire qu'elle en est le faubourg. L'influence de l'Angleterre, jusque dans ces dernières années, n'avait aucune rivale en Orient ; cette influence se trouve aujourd'hui grandement atteinte par les nombreux intérêts français qui se groupent autour de l'œuvre de Suez ; et c'est là un sujet très-naturel d'hostilité de la part d'une puissance dont la jalousie est le moindre défaut... jalousie, il faut en convenir, *qu'excite plus encore notre prospérité commerciale que la gloire de nos armes.*

Mais ce n'est là encore qu'une question secondaire : le véritable motif de l'opposition anglaise, c'est la conscience très-nette qu'elle a de l'amoindrissement de sa puissance maritime qui résultera de l'ouverture du canal de Suez.

L'Angleterre a eu jusqu'ici le sceptre des mers ; nulle puissance en ce monde ne peut lutter avec elle comme importance d'armements, source de son autorité et de sa richesse. Or ce qui justifie ses armements et leur donne une raison d'être, ce sont ses relations avec les contrées lointaines, avec l'Asie et l'Océanie. Que ces contrées viennent à se rapprocher tout d'un coup, si surtout ce rapprochement a lieu notablement en faveur des nations continentales, aussitôt la flotte commerciale de l'Angleterre perd son intérêt ; sa richesse et sa puissance en sont atteintes à la fois.

Or, tel est le résultat immédiat de l'ouverture du canal de Suez : — une grande partie de la grande navigation devient du cabotage, — et encore du cabotage pour les contrées bordant la Méditerranée. Les navires anglais, pour se rendre à Bombay, auront encore à franchir le détroit de Gibraltar, à naviguer sur le grand Océan. Au contraire, les flottes parties des Iles Ioniennes, de Trieste, de Gênes, de Marseille, de Barcelone, indépendamment de ce qu'elles auront un trajet beaucoup moins long à faire, seront, pour ainsi dire, toujours en vue des côtes... Je dirai, pour résumer la situation en un seul mot : L'ouverture du canal de Suez est la démocratisation de la navigation, dont l'Angleterre est aujourd'hui l'aristocratie. Il est tout à fait naturel que cette aristocratie persiste et s'oppose de toutes ses forces à la réalisation d'une œuvre dont le premier effet est de la supprimer.

La position est exactement celle des maîtres de poste français lorsqu'on discutait aux Chambres l'établissement d'un réseau de chemins de fer dans notre pays : c'était leur ruine. Ils ont lancé protestations sur protestations ; et, certes, les intérêts en jeu étaient très-légitimes... Cela a-t-il empêché les chemins de fer français de s'exécuter ? Non : l'intérêt général passa avant les intérêts particuliers. Il en sera de même pour la question du canal de Suez.

Quant à la France, on ne peut vraiment pas dire que c'est un intérêt exclusivement personnel qui la fait agir en la circonstance. Le canal de Suez constituera un immense progrès dans l'histoire de l'humanité. Voilà ce qui la séduit, et cette séduction doit être d'autant plus grande qu'elle lui fournit le moyen de jouer pièce à l'Angleterre. Une nation, tout comme une jolie femme, aime parfois à se venger.

Au point de vue industriel et commercial, le canal n'est pas plus favorable à la France qu'à toutes les autres contrées méditerranéennes. Il est même facile de reconnaître que, les plus forts caboteurs de la Méditerranée étant les Grecs, ce seront eux qui retireront les plus grands avantages de l'ouverture du canal ; comme villes de transit, Venise et Trieste seront toujours dans une position plus avantageuse que Marseille.

Ainsi analysé, le point de vue politique perd, comme on le voit, beaucoup de son ampleur. L'hostilité seule de l'Angleterre se justifie; elle représente la lutte du passé contre l'avenir, des institutions qui tombent contre celles qui s'élèvent. Cette lutte peut ralentir par moment la marche du progrès, mais elle ne saurait l'arrêter.

Mes lecteurs pourront se dire : Une question politique jugée par une femme, est-ce sérieux?.... Ah mon Dieu! messieurs, ceci est encore la lutte des idées du passé contre celles de l'avenir. Croyez bien qu'une femme, même en politique, peut juger aussi sainement qu'un homme.... Du reste, un auteur n'a pas de sexe : il est bon ou mauvais écrivain. L'esprit est un, l'intelligence est une... Dieu donne l'un et l'autre aussi bien à la femme qu'à l'homme... Je n'ignore pas que l'on a toujours refusé bien des choses à la femme dans les siècles passés; on se demandait même si elle aussi avait une âme!... un concile s'assemblait pour délibérer sur cette grave question... Il n'y avait qu'une réponse bien simple à faire à ceux qui niaient l'existence de son âme, leur dire : Vous reconnaissez donc que vous êtes plus rapprochés de la brute que de Dieu, vous qui osez mettre en doute si celle dont vous êtes une partie essentielle, le sang de son sang, les os de ses os, si celle qui vous a mis au monde, qui a guidé vos premiers pas sur la terre, qui a formé votre esprit, si cet être-là, votre mère, celle dans le sein de qui vous avez été formés, a une âme ou n'en a pas!...

Eh bien! cette même réponse, je la ferais à ceux qui contestent à la femme l'esprit, le talent, l'intelligence!

Mais je m'arrête bien vite; ce terrain est brûlant : plein d'attrait pour moi, il m'entraînerait dans une trop longue digression.

Le canal se fera donc, et, quelque promptement qu'on l'exécute, il répondra encore mal à l'impatience des nations. Nous ne savons plus attendre aujourd'hui.

Coûtera-t-il 200 millions, en coûtera-t-il 250? Question tout à fait secondaire.

Que deviendra par suite le pays? Que sera dans cinquante ans ce désert, lieu de désolation hier, aujourd'hui déjà presque riant? Nul ne le sait au juste. Mais on ne saurait contester le mouvement énorme dont le canal sera le centre : tous les produits en provenance et à destination de l'Asie, de l'Océanie, prendront cette voie, et le mouvement sera d'autant plus considérable que la proportion des caboteurs sera plus grande. Or, ces caboteurs n'iront sans doute pas tout d'une traite de Marseille, Gênes ou Venise à Bombay, à Pointe-de-Galle ou à Calcutta. Nul doute qu'il se constituera un point de transit au bord du canal. Où sera-t-il? A Port-Saïd, à Ismaïlia ou à Suez? Nul ne le sait encore. Mais Ismaïlia est la ville qui a le plus de chance d'être choisie; voici pourquoi. Le développement de Port-Saïd sera limité, pour le moment du moins, l'eau douce n'y arrivant que par des moyens mécaniques. Plus tard, peut-être, un canal se détachant des branches du Nil viendra lui en donner abondamment...; mais c'est là un avenir éloigné, incertain même... Un lieu de transit comporte des comptoirs, des établissements de tout genre. On se décidera difficilement à choisir pour cela une ville où l'on ne peut avoir ni jardin, ni arbres, ni aucune culture. Ismaïlia, elle, possède de l'eau en abondance: c'est ce qui me fait supposer qu'elle est destinée à devenir la ville importante du canal.

On pourrait encore choisir Suez, les caboteurs devant sans doute trouver agréable de se débarrasser de leurs mar-

chandises à l'entrée du canal. Mais qui est-ce qui repren-
dra ces marchandises pour les transporter à Bombay, Calcutta?... Les jonques chinoises, les barques arabes de la mer
Rouge auront-elles moins de répugnance pour se rendre à
Port-Saïd que les felouques de la Méditerranée pour pousser
jusqu'à Suez? Si l'on ouvrait des comptoirs à Port-Saïd, il
faudrait en ouvrir également à Suez et établir une navigation
spéciale pour le transit entre ces deux ports.... Cela peut
se réaliser, mais l'économie de trajet serait peu de chose.
Moi, je persiste à croire que c'est plutôt Ismaïlia qui est destinée à devenir une ville importante de dépôt et de transit.

L'Egypte est un pays de grandes productions, et cette
production ira toujours en augmentant. Ismaïlia étant en
relation directe avec tout le Delta, et les produits de
l'Egypte étant à destination d'Europe, leur point d'embar-
quement sera Ismaïlia ou Port-Saïd. Ce qui constitue l'in-
fériorité de Suez, relativement à ces deux localités, c'est
qu'il n'a rien à voir à tout ce commerce... D'un autre côté,
Port-Saïd, comme nous l'avons dit, a contre elle la rareté
de l'eau potable. Ismaïlia se pose donc avec avantage en
face de ses deux concurrents.

Tel que je le comprends, le transit du canal maritime
s'opérera ainsi qu'il suit : — Les caboteurs d'Europe
transporteront jusqu'à Port-Saïd les produits de nos ma-
nufactures ; là, sauf les cas d'avaries, ils s'arrêteront peu ;
bien vite ils s'attacheront à la chaîne de remorque pour
gagner Ismaïlia ; il leur faudra vingt-quatre heures pour
y arriver. Dans cette ville, ils trouveront, soit les produits
d'Egypte apportés par les barques du Nil, soit les produits
de Chine et des Indes, que les jonques chinoises ou les tar-
tanes turques auront amenés, et leur fret de retour s'o-
pérera sans embarras.

On peut donc juger du degré d'importance auquel est ap-
pelée Ismaïlia. Que de choses y concourent! centralisation
de populations, étendue d'affaires, culture de tout le désert : car il ne sera pas possible à une population indus-
trieuse de laisser à l'état inculte des terres voisines d'elle
qui ne demandent pour produire de riches récoltes qu'un
peu d'eau, et il y en a! En outre, cette culture sera le plus
sûr préservatif contre le khamsim et ses terribles effets...
Il y aura donc double avantage pour les Européens à cultiver ; et j'insiste sur le mot *Européens*, car, à mon avis, il
n'y a que l'intervention européenne qui puisse produire un
véritable résultat. Il ne faut pas oublier, en effet, qu'il ne
s'agit pas ici simplement de prolonger quelques rigoles
déjà ouvertes pour porter un peu plus loin et progressive-
ment l'eau et la fécondité... ; on peut ainsi gagner quelques
mètres de terrain, mais c'est tout. Pour attaquer le désert
sur une grande échelle, il faut, comme l'a fait la Compagnie universelle, creuser de larges canaux, et encore ces
canaux seraient-ils sans objet s'ils n'avaient leur prise
d'eau dans le Nil. Or, on sait depuis combien de temps
cette Compagnie attend la réalisation des engagements du
vice-roi, au point de vue de la prise d'eau directe des canaux qu'elle a ouverts.

La culture de l'ensemble du désert exige de larges em-
prunts au Nil lui-même. Ce n'est pas l'Arabe, avec son in-
souciance native et qui prend sa source dans la religion,
avec son ignorance des mérites de l'association en matière
industrielle, qui se fût livré de lui-même à ces entreprises
de longue haleine... J'ajoute que les travaux dans le désert
impliquent un esprit d'administration, une prévoyance,
dont le caractère arabe est la négation... Un vice-roi eût

pu tenter cette culture ; il y eût sacrifié des populations, et il eût échoué!...

Mais il en est autrement des Européens attirés dans le pays par des vues commerciales. — Ce qui se monte d'affaires industrielles et financières en ce moment à Alexandrie est une sûre garantie des heureux résultats qu'ils obtiendront. Nul doute que, d'ici à dix ans, de nouvelles concessions de canaux d'eau douce au travers du désert seront accordées à des associations, et ainsi le désert verra fleurir les roses, suivant la grande parole de l'Ecriture.

Admirable loi de la Providence!... De même que pour exécuter le canal, ainsi que je le disais plus haut, il a fallu tout d'abord faire disparaître le désert dans ses caractères effrayants, de même l'exécution du canal, par cela seul qu'elle créera un intérêt commercial dans toute l'étendue du désert, affirmera sa mise en culture complète. — Et ainsi l'apôtre de cette grande œuvre, M. de Lesseps, sera placé à bon droit parmi les véritables bienfaiteurs de l'humanité, lui qui aura ouvert une route immense au progrès, qui aura donné aux hommes une terre féconde à la place d'une mer de sable.

La Compagnie a acheté de Saïd-Pacha le château de Tell, situé près du village de Tell-el-Kibir. Ce château, bâti dans le style arabe, est joli et spacieux. Il est situé en plein désert..., et pourtant autour de lui s'étendent de superbes jardins où le citronnier, le grenadier, l'oranger, forment des bosquets charmants qui exhalent les plus doux parfums... Jamais jardin ne m'a paru si beau, par l'effet, sans doute, du contraste qu'il offre avec les dunes de sable où la bête fauve a creusé sa tanière, dunes qui se trouvent à quelques centaines de mètres de lui.

Outre les jardins, la Compagnie possède autour du châ-

teau de Tell je ne sais combien de mille pédoms de terre;
le tabac, le coton, l'orge, etc., etc., y sont cultivés. Ces
terres, si bien soignées, d'une si riche végétation, offrent
aussi un contraste frappant avec le désert environnant.
C'est une riche oasis que l'Ouadi, oasis en plein désert.

De nombreux Arabes, des bédouins, anciens maraudeurs
du désert, sont venus se grouper autour de l'Ouadi, où on
leur a construit de jolis petits villages (jolis, par compa-
raison).

Sur ce, lecteur, après avoir lu ma brochure, faites
comme moi, venez en Egypte, allez visiter tout le parcours
du canal, et alors, seulement alors vous comprendrez l'importance et la grandeur de l'œuvre de M. de Lesseps.

OLYMPE AUDOUARD.

1851 — Paris, imprimerie de Jouaust et fils, rue Saint-Honoré, 338.

www.ingramcontent.com/pod-product-compliance
Lightning Source LLC
Chambersburg PA
CBHW051333050726
47595CB00006B/2334